Danish Reading Comprehension Texts: Beginners - Book Two

Danish Reading Comprehension Texts for Beginners

Mikkelsen Dubois

Published by Mikkelsen Dubois, 2023.

While every precaution has been taken in the preparation of this book, the publisher assumes no responsibility for errors or omissions, or for damages resulting from the use of the information contained herein.

DANISH READING COMPREHENSION TEXTS: BEGINNERS - BOOK TWO

First edition. May 7, 2023.

Copyright © 2023 Mikkelsen Dubois.

ISBN: 979-8223554592

Written by Mikkelsen Dubois.

Table of Contents

How to Use This Danish Reading Comprehension Book

Step 1: Choose the Right Text Level

The first step in doing a Danish reading comprehension exercise is to choose the right text level. The text should be appropriate for the learner's level and interests. For beginners, texts with simpler vocabulary and shorter sentences are ideal. For more advanced learners, more complex texts can be used. Mikkelsen Dubois offers Danish Reading Comprehension Texts in different levels - beginner, intermediate and advanced, as well as First Steps for new language learners. It's also important to choose a text that is interesting to the learner. This can help to keep them engaged and motivated, which is crucial for language learning success. Texts on topics like history, culture, and current events can be particularly engaging for learners. Every Mikkelsen Dubois Reading Comprehension Book contains texts on a variety of different topics.

Step 2: Read the Text

Once a suitable text has been chosen, the learner should read it carefully. They should focus on understanding the meaning of the text and how the words and phrases are used in sentences. It's also important to pay attention to the structure of the sentences and the use of grammar. When reading the text, learners should try to read as much as they can without stopping to look up words in a dictionary. This can help to improve their overall comprehension skills and develop their ability to understand the text in context.

Step 3: Analyze the Text

After reading the text, the learner should analyze it to deepen their understanding. This involves paying attention to the structure of the sentences, the use of grammar, and the context in which words are used. Learners can ask themselves questions about the text to help them analyze it more deeply.

For example, they could ask themselves:

What is the main idea of the text?

What is the purpose of the text?

What is the tone of the text?

What new words or phrases have I learned from the text?

What new grammar structures have I learned from the text?

By analyzing the text in this way, learners can develop a more comprehensive understanding of the text and improve their comprehension skills. Making a note of new vocabulary, grammar and sentence structure will help the learner in this analysis and support the learning process.

Step 4: Answer the Questions

The next step in doing a Danish reading comprehension exercise is to answer the questions. In every Mikkelsen Dubois Danish Comprehension Book, questions are provided with the text. These questions are designed to test the learner's understanding of the text and their ability to apply their knowledge of Danish vocabulary and grammar. Learners should answer the questions as thoroughly and accurately as possible, using their knowledge of Danish vocabulary and grammar.

Step 5: Check Answers

After answering the questions, the learner should check their answers. This involves reviewing their responses and ensuring that they are accurate and complete. If the learner has made mistakes, they should try to identify the areas where they need to improve their understanding. This could involve reviewing specific vocabulary or grammar structures or practicing their comprehension skills with more texts.

Step 6: Review and Practice

The final step in doing a Danish reading comprehension exercise is to review and practice. This involves reviewing the text and the questions and identifying areas for improvement. Learners should use the reading comprehension exercise as a learning tool to improve their comprehension skills and develop their knowledge of Danish vocabulary and grammar. By regularly practicing with different types of texts and using strategies like taking notes, analyzing the text, and asking questions, learners can improve their comprehension skills more quickly.

Text One

Read the following Danish comprehension text carefully.

Then answer the questions using the information provided in the text.

Try to answer in full sentences and pay attention to your spelling and grammar.

Once you have answered all the questions, check your answers with the suggested answers.

<u>Vejret i København i dag - Hvordan ser det ud?</u>

I dag er vejret i København generelt overskyet med perioder med regnbyger. Temperaturen vil nå op på omkring 14-16 grader Celsius i løbet af dagen.

Vinden vil blæse fra vest og sydvest med en svag til moderat styrke. Luftfugtigheden vil også være høj i dag.

Questions

1. Hvordan er vejret i København i dag?
2. Hvor blæser vinden fra i dag?
3. Hvad er den forventede temperatur i dag i København?

Answers

1. Vejret i København i dag er generelt overskyet med perioder med regnbyger.
2. Vinden vil blæse fra vest og sydvest med en svag til moderat styrke.
3. Den forventede temperatur i København i dag er omkring 14-16 grader Celsius.

Text Two

Read the following Danish comprehension text carefully.

Then answer the questions using the information provided in the text.

Try to answer in full sentences and pay attention to your spelling and grammar.

Once you have answered all the questions, check your answers with the suggested answers.

<u>Vikinger i Danmark</u>

Vikingerne var en gruppe af nordiske søfarere, der levede i perioden mellem det 8. og det 11. århundrede. Danmark var en af de lande, hvor vikingerne havde stor indflydelse og efterlod sig en betydelig kulturarv.

Vikingerne var kendt for deres mod, sejladsfærdigheder og evne til at erobre og kolonisere fjerne lande. De rejste langt væk fra deres hjemland og kom i kontakt med andre kulturer og samfund.

I Danmark har man fundet mange levn fra vikingetiden, herunder runesten, grave og langhuse. I dag kan man besøge museer, der er dedikeret til vikingernes historie og kultur.

Questions

1. Hvem var vikingerne?
2. Hvorfor var vikingerne kendt?
3. Kan man stadig se spor fra vikingetiden i Danmark i dag?

Answers

1. Vikingerne var en gruppe af nordiske søfarere, der levede i perioden mellem det 8. og det 11. århundrede.
2. Vikingerne var kendt for deres mod, sejladsfærdigheder og evne til at erobre og kolonisere fjerne lande.
3. Ja, i Danmark kan man stadig se mange spor fra vikingetiden, herunder runesten, grave og langhuse.

Text Three

Read the following Danish comprehension text carefully.

Then answer the questions using the information provided in the text.

Try to answer in full sentences and pay attention to your spelling and grammar.

Once you have answered all the questions, check your answers with the suggested answers.

Københavns Historie

København er en af de ældste byer i Europa, med en rig og interessant historie. Byen blev grundlagt i det 12. århundrede af Absalon, en biskop i Roskilde. København voksede hurtigt og blev en vigtig handelsby i det nordlige Europa.

I 1443 blev København udnævnt til Danmarks hovedstad, og byen blev en vigtig politisk og kulturel center. I løbet af 1700-tallet blev byen moderniseret og udvidet med bygninger og kanaler, som stadig kan ses i dag.

Under Anden Verdenskrig blev København besat af tyskerne, men byen formåede at modstå besættelsen og undgik store ødelæggelser. Efter krigen blev København genopbygget og moderniseret og er i dag en af de mest livlige og populære byer i Europa.

Questions

1. Hvem grundlagde København?
2. Hvornår blev København udnævnt til Danmarks hovedstad?
3. Hvordan blev København moderniseret i 1700-tallet?
4. Hvordan blev København påvirket af Anden Verdenskrig?

Answers

1. København blev grundlagt af Absalon, en biskop i Roskilde, i det 12. århundrede.
2. København blev udnævnt til Danmarks hovedstad i 1443.
3. København blev moderniseret og udvidet med bygninger og kanaler i løbet af 1700-tallet.
4. København blev besat af tyskerne under Anden Verdenskrig, men formåede at modstå besættelsen og undgik store ødelæggelser. Efter krigen blev København genopbygget og moderniseret.

Text Four

Read the following Danish comprehension text carefully.

Then answer the questions using the information provided in the text.

Try to answer in full sentences and pay attention to your spelling and grammar.

Once you have answered all the questions, check your answers with the suggested answers.

<u>De Olympiske Lege</u>

De Olympiske Lege er en international sportsbegivenhed, der finder sted hvert fjerde år. Atleter fra hele verden konkurrerer i forskellige sportsgrene og forsøger at vinde medaljer til deres lande.

De første moderne Olympiske Lege blev afholdt i Athen, Grækenland, i 1896, og siden da er der blevet afholdt sommer- og vinterlege hvert fjerde år. Sommerlegene omfatter en bred vifte af sportsgrene, herunder løb, svømning, gymnastik og basketball, mens vinterlegene fokuserer på sportsgrene som skiløb, skøjteløb og ishockey.

Atleter, der deltager i de Olympiske Lege, skal være kvalificeret og udvalgt af deres nationale olympiske komité. Lege er ikke kun en sportsbegivenhed, men også en mulighed for lande at samles og fejre den internationale samhørighed og venskab gennem sport.

Questions

1. Hvor ofte finder de Olympiske Lege sted?
2. Hvilke sportsgrene er inkluderet i sommerlegene?
3. Hvilke sportsgrene er inkluderet i vinterlegene?

Answers

1. De Olympiske Lege finder sted hvert fjerde år.
2. Sommerlegene omfatter en bred vifte af sportsgrene, herunder løb, svømning, gymnastik og basketball.
3. Vinterlegene fokuserer på sportsgrene som skiløb, skøjteløb og ishockey.

Text Five

Read the following Danish comprehension text carefully.

Then answer the questions using the information provided in the text.

Try to answer in full sentences and pay attention to your spelling and grammar.

Once you have answered all the questions, check your answers with the suggested answers.

<u>Sommeren i Aarhus</u>

Aarhus er en smuk by ved kysten af Østjylland og er kendt for sin rige kultur og historie samt sin smukke arkitektur. Om sommeren er der mange ting at opleve i Aarhus, såsom festivaler, koncerter, og kunstudstillinger.

En af de største begivenheder i Aarhus om sommeren er Aarhus Festuge. Dette er en ti-dages kulturel festival, der finder sted i august, og der er masser af musik, teater, film og kunst at opleve. Derudover kan man også tage en tur langs den smukke havnepromenade, besøge ARoS kunstmuseum, eller slappe af i en af de mange parker i byen.

Om sommeren er der også masser af muligheder for at nyde den smukke natur omkring Aarhus, såsom at besøge strandene i nærheden, tage på en cykeltur langs kysten, eller tage på en sejltur i Aarhus bugten.

Questions

1. Hvad er Aarhus kendt for?
2. Hvornår finder Aarhus Festuge sted?
3. Hvad kan man opleve under Aarhus Festuge?
4. Hvad er nogle andre ting at gøre i Aarhus om sommeren?

Answers

1. Aarhus er kendt for sin rige kultur og historie samt sin smukke arkitektur.
2. Aarhus Festuge finder sted i august.
3. Under Aarhus Festuge er der masser af musik, teater, film og kunst at opleve.
4. Nogle andre ting at gøre i Aarhus om sommeren inkluderer at besøge strandene i nærheden, tage på en cykeltur langs kysten, eller tage på en sejltur i Aarhus bugten.

Text Six

———

Read the following Danish comprehension text carefully.

Then answer the questions using the information provided in the text.

Try to answer in full sentences and pay attention to your spelling and grammar.

Once you have answered all the questions, check your answers with the suggested answers.

<u>Ligestilling i Danmark</u>

Ligestilling mellem kønnene er en vigtig værdi i Danmark og er en integreret del af samfundet. Danmark har længe været anerkendt for at have en af de højeste ligestillingsniveauer i verden.

Kvinder i Danmark har samme rettigheder som mænd inden for uddannelse, arbejde og politik. Derudover har Danmark en lang række lovgivninger, der beskytter mod diskrimination på grund af køn. Kvinder i Danmark har også adgang til barselsorlov og børnepasningsmuligheder, som giver dem mulighed for at forene deres karriere og familieliv.

Danmark fortsætter med at arbejde hen imod ligestilling, da der stadig er udfordringer, der skal tackles. Der er et fokus på at øge andelen af kvinder i ledende stillinger og reducere løngabet mellem kønnene.

Questions

1. Hvilken værdi er vigtig i Danmark, når det kommer til kønnene?
2. Hvad er nogle af de rettigheder, kvinder har i Danmark?
3. Hvad er nogle af de udfordringer, der stadig skal tackles for at opnå ligestilling i Danmark?

Answers

1. Ligestilling mellem kønnene er en vigtig værdi i Danmark og er en integreret del af samfundet.
2. Kvinder i Danmark har samme rettigheder som mænd inden for uddannelse, arbejde og politik. De har også adgang til barselsorlov og børnepasningsmuligheder.
3. Nogle af de udfordringer, der stadig skal tackles for at opnå ligestilling i Danmark, inkluderer at øge andelen af kvinder i ledende stillinger og reducere løngabet mellem kønnene.

Text Seven

Read the following Danish comprehension text carefully.

Then answer the questions using the information provided in the text.

Try to answer in full sentences and pay attention to your spelling and grammar.

Once you have answered all the questions, check your answers with the suggested answers.

<u>Møllehøj - Danmarks Højeste Punkt</u>

Møllehøj er Danmarks højeste punkt og ligger i det centrale Jylland, tæt på byen Skanderborg. Højen er 170,86 meter høj og har en smuk udsigt over det omkringliggende landskab.

Møllehøj blev dannet under den sidste istid for omkring 10.000 år siden, og er siden blevet et populært turistmål. Der er en trappe på toppen af højen, som besøgende kan klatre op ad for at få en bedre udsigt.

Området omkring Møllehøj er også kendt for sin smukke natur, og der er mange vandrestier og cykelruter i området. Der er også en række andre seværdigheder i nærheden, herunder Himmelbjerget og Ejer Bavnehøj.

Questions

1. Hvor ligger Møllehøj?
2. Hvor høj er Møllehøj?
3. Hvornår blev Møllehøj dannet?
4. Hvilke aktiviteter kan man nyde i området omkring Møllehøj?

Answers

1. Møllehøj ligger i det centrale Jylland, tæt på byen Skanderborg.
2. Møllehøj er 170,86 meter høj.
3. Møllehøj blev dannet under den sidste istid for omkring 10.000 år siden.
4. Man kan nyde vandreture, cykling og besøge seværdigheder som Himmelbjerget og Ejer Bavnehøj i området omkring Møllehøj.

Text Eight

Read the following Danish comprehension text carefully.

Then answer the questions using the information provided in the text.

Try to answer in full sentences and pay attention to your spelling and grammar.

Once you have answered all the questions, check your answers with the suggested answers.

<u>Christiania - En anderledes bydel i København</u>

Christiania er en bydel i København, der er kendt for sin alternative livsstil og frie kultur. Det er et autonome område, hvor beboerne selv styrer og administrerer området.

Christiania blev grundlagt i 1971 af en gruppe hippier og aktivister, der ønskede at skabe et sted med frihed og mangfoldighed. Området er kendt for sine farverige huse, kunst og musikscene.

Christiania er også kendt for at være et sted, hvor der er en liberal holdning til narkotika. Der er dog stadig nogle konflikter med myndighederne om dette emne.

Questions

1. Hvad er Christiania?
2. Hvordan blev Christiania grundlagt?
3. Hvad er Christiania kendt for?
4. Hvad er holdningen til narkotika i Christiania?

Answers

1. Christiania er en bydel i København.
2. Christiania blev grundlagt i 1971 af en gruppe hippier og aktivister.
3. Christiania er kendt for sin alternative livsstil, farverige huse, kunst og musikscene.
4. Der er en liberal holdning til narkotika i Christiania.

Text Nine

Read the following Danish comprehension text carefully.

Then answer the questions using the information provided in the text.

Try to answer in full sentences and pay attention to your spelling and grammar.

Once you have answered all the questions, check your answers with the suggested answers.

<u>Cykling i Danmark - En populær transportform</u>

Cykling er en meget populær transportform i Danmark og en del af dansk kultur og livsstil. Cykler er overalt og betragtes som en nem og miljøvenlig måde at komme rundt på.

Danmark har et veludviklet cykelinfrastruktur med cykelstier og cykelbroer, der forbinder byer og landsbyer. Mange danskere bruger cyklen som deres primære transportmiddel til og fra arbejde, skole eller fritidsaktiviteter.

Der er også en stærk cykelturismeindustri i Danmark. Landet tilbyder smukke og naturskønne cykelruter, der tager dig gennem byer, langs kyster og igennem landskabet.

Questions

1. Hvad er en populær transportform i Danmark?
2. Hvordan er cykelinfrastrukturen i Danmark?
3. Hvordan bruger mange danskere cyklen?
4. Hvad tilbyder Danmark cykelturister?

Answers

1. Cykling er en populær transportform i Danmark.
2. Danmark har et veludviklet cykelinfrastruktur med cykelstier og cykelbroer.
3. Mange danskere bruger cyklen som deres primære transportmiddel til og fra arbejde, skole eller fritidsaktiviteter.
4. Danmark tilbyder smukke og naturskønne cykelruter, der tager dig gennem byer, langs kyster og igennem landskabet.

Text Ten

Read the following Danish comprehension text carefully.

Then answer the questions using the information provided in the text.

Try to answer in full sentences and pay attention to your spelling and grammar.

Once you have answered all the questions, check your answers with the suggested answers.

<u>Dansk Lakrids - En sød og salt godbid</u>

Dansk lakrids er en populær sød og salt godbid, der har en lang historie i Danmark. Lakridsroden har været brugt i mange århundreder i medicin, men er nu blevet en velsmagende snack.

Der er mange forskellige varianter af dansk lakrids, inklusive bløde lakridser, hårde lakridser, salmiaklakrids og lakrids overtrukket med chokolade. Lakrids kan spises som en snack eller bruges som ingrediens i desserter og bagværk.

Dansk lakrids er så populært, at der endda er en lakridsfestival i København hvert år, hvor lakridsentusiaster kan smage på forskellige typer lakrids og lære mere om dens historie.

Questions

1. Hvad er dansk lakrids?
2. Hvad har lakridsroden været brugt til i mange århundreder?
3. Hvilke forskellige varianter af dansk lakrids findes der?
4. Hvordan kan lakrids spises?
5. Er der en lakridsfestival i Danmark?

Answers

1. Dansk lakrids er en sød og salt godbid.
2. Lakridsroden har været brugt i mange århundreder i medicin.
3. Der er mange forskellige varianter af dansk lakrids, inklusive bløde lakridser, hårde lakridser, salmiaklakrids og lakrids overtrukket med chokolade.
4. Lakrids kan spises som en snack eller bruges som ingrediens i desserter og bagværk.
5. Ja, der er en lakridsfestival i København hvert år.

Text Eleven

Read the following Danish comprehension text carefully.

Then answer the questions using the information provided in the text.

Try to answer in full sentences and pay attention to your spelling and grammar.

Once you have answered all the questions, check your answers with the suggested answers.

<u>Frederiksborg Slot</u>

Frederiksborg Slot er en imponerende bygning beliggende i Hillerød, ca. 30 km nordvest for København. Slottet blev bygget i begyndelsen af 1600-tallet af Christian 4. og blev brugt som kongeligt palads indtil midten af 1800-tallet. Slottet blev senere restaureret og omdannet til et nationalmuseum, hvor man kan se en stor samling af dansk kunst og historiske genstande.

Slottet er omgivet af en stor slotspark, som er åben for offentligheden og er et populært sted at gå en tur eller have en picnic.

Frederiksborg Slot er en vigtig del af Danmarks historie og er et must-see for alle, der er interesseret i kultur og arkitektur.

Questions

1. Hvor ligger Frederiksborg Slot?
2. Hvem byggede slottet, og hvornår blev det bygget?
3. Hvad blev slottet brugt til indtil midten af 1800-tallet?

Answers

1. Frederiksborg Slot ligger i Hillerød, ca. 30 km nordvest for København.
2. Slottet blev bygget af Christian 4. i begyndelsen af 1600-tallet.
3. Slottet blev brugt som kongeligt palads indtil midten af 1800-tallet.

Text Twelve

Read the following Danish comprehension text carefully.

Then answer the questions using the information provided in the text.

Try to answer in full sentences and pay attention to your spelling and grammar.

Once you have answered all the questions, check your answers with the suggested answers.

<u>Fødselsdage i Danmark</u>

Fødselsdage er en vigtig fejring i Danmark. Traditionelt set er det mest almindeligt at fejre fødselsdage med kage og sang. Det er også tradition for fødselsdagsbarnet at tage kage med til kolleger på arbejdet eller i skolen.

Mange familier har også deres egne traditioner, når det kommer til at fejre fødselsdage. Nogle gange er der en stor fest, mens andre foretrækker at have en mere intim fejring derhjemme.

En anden dansk tradition på fødselsdage er at give en gave til fødselsdagsbarnet. Gaver kan være alt fra blomster til smykker til en tur eller en oplevelse.

Questions

1. Hvad er den mest almindelige måde at fejre fødselsdage på i Danmark?
2. Hvad er en tradition for fødselsdagsbarnet på arbejdet eller i skolen?
3. Har danske familier deres egne traditioner for at fejre fødselsdage?
4. Hvad er en dansk tradition for gaver på fødselsdage?

Answers

1. Det er mest almindeligt at fejre fødselsdage med kage og sang.
2. Traditionen er at tage kage med til kolleger på arbejdet eller i skolen.
3. Ja, mange danske familier har deres egne traditioner for at fejre fødselsdage.
4. En dansk tradition for gaver på fødselsdage er at give alt fra blomster til smykker til en tur eller en oplevelse.

Text Thirteen

Read the following Danish comprehension text carefully.

Then answer the questions using the information provided in the text.

Try to answer in full sentences and pay attention to your spelling and grammar.

Once you have answered all the questions, check your answers with the suggested answers.

<u>Vejret på Bornholm i weekenden</u>

Denne weekend forventes vejret på Bornholm at være delvist skyet med perioder med solskin. Temperaturerne vil være omkring 12-15 grader Celsius i løbet af dagen og falde til omkring 6-8 grader Celsius om natten.

Der er også en chance for nogle regnbyger lørdag og søndag, især om eftermiddagen og aftenen. Det er en god idé at pakke en paraply eller regnjakke, hvis du planlægger at være udendørs i løbet af weekenden.

Questions

1. Hvordan forventes vejret at være på Bornholm i weekenden?
2. Hvilken temperatur kan man forvente i løbet af dagen?
3. Vil der være nogle regnbyger i weekenden?
4. Hvad kan man gøre for at forberede sig på eventuel regn?

Answers

1. Vejret på Bornholm forventes at være delvist skyet med perioder med solskin.
2. Temperaturerne vil være omkring 12-15 grader Celsius i løbet af dagen.
3. Ja, der er en chance for nogle regnbyger lørdag og søndag.
4. Det er en god idé at pakke en paraply eller regnjakke, hvis du planlægger at være udendørs i løbet af weekenden.

Text Fourteen

Read the following Danish comprehension text carefully.

Then answer the questions using the information provided in the text.

Try to answer in full sentences and pay attention to your spelling and grammar.

Once you have answered all the questions, check your answers with the suggested answers.

<u>Danmarks Monarki - En historisk institution</u>

Danmarks monarki er en historisk institution, som har eksisteret i mere end 1000 år. I dag er Danmarks monarki et konstitutionelt monarki, hvilket betyder, at kongen eller dronningen har en symbolsk rolle og ikke har nogen reelle politiske beføjelser.

Kongefamilien er en vigtig del af dansk kultur og identitet og er kendt for deres offentlige optrædener og velgørenhedsarbejde.

Danmarks nuværende dronning, Margrethe 2., blev kronet i 1972 og har siden da været en populær og respekteret monark.

Selvom Danmarks monarki ikke har nogen reelle politiske beføjelser, spiller kongen eller dronningen stadig en vigtig rolle som et symbol på enhed og samhørighed i Danmark.

Questions

1. Hvor længe har Danmarks monarki eksisteret?
2. Hvad betyder det, at Danmarks monarki er et konstitutionelt monarki?
3. Hvad er kongefamiliens rolle i Danmark?
4. Hvornår blev Danmarks nuværende dronning kronet?
5. Hvilken rolle spiller kongen eller dronningen i dagens Danmark?

Answers

1. Danmarks monarki har eksisteret i mere end 1000 år.
2. Et konstitutionelt monarki betyder, at kongen eller dronningen har en symbolsk rolle og ikke har nogen reelle politiske beføjelser.
3. Kongefamilien er en vigtig del af dansk kultur og identitet og er kendt for deres offentlige optrædener og velgørenhedsarbejde.
4. Danmarks nuværende dronning, Margrethe 2., blev kronet i 1972.
5. Selvom Danmarks monarki ikke har nogen reelle politiske beføjelser, spiller kongen eller dronningen stadig en vigtig rolle som et symbol på enhed og samhørighed i Danmark.

Text Fifteen

Read the following Danish comprehension text carefully.

Then answer the questions using the information provided in the text.

Try to answer in full sentences and pay attention to your spelling and grammar.

Once you have answered all the questions, check your answers with the suggested answers.

<u>Koldskål - en dansk sommerfavorit</u>

Koldskål er en populær dansk dessert, som ofte nydes i sommermånederne. Den er lavet af kærnemælk, æg, sukker og vanilje og serveres med kammerjunkere. Koldskål kan købes færdiglavet i supermarkederne, men mange danskere foretrækker at lave den selv.

Questions

1. Hvad er koldskål?
2. Hvornår nyder man typisk koldskål i Danmark?
3. Hvad serveres koldskål med?
4. Kan man købe koldskål færdiglavet i supermarkederne?

Answers

1. Koldskål er en dansk dessert lavet af kærnemælk, æg, sukker og vanilje.
2. Koldskål nydes typisk i sommermånederne i Danmark.
3. Koldskål serveres med kammerjunkere.
4. Ja, man kan købe koldskål færdiglavet i supermarkederne, men mange danskere foretrækker at lave den selv.

Text Sixteen

Read the following Danish comprehension text carefully.

Then answer the questions using the information provided in the text.

Try to answer in full sentences and pay attention to your spelling and grammar.

Once you have answered all the questions, check your answers with the suggested answers.

<u>Sankt Hans Aften - En dansk tradition</u>

Sankt Hans Aften er en dansk tradition, som fejres hvert år den 23. juni. Aftenen fejres med bål, hvor man ofte synger sange og spiser pølser og snobrød. Bålene symboliserer, at man vil drive de onde ånder væk, og at man fejrer sommerens begyndelse.

Questions

1. Hvornår fejres Sankt Hans Aften i Danmark?
2. Hvad gør man typisk på Sankt Hans Aften?
3. Hvad symboliserer bålene på Sankt Hans Aften?
4. Hvad spiser man typisk på Sankt Hans Aften?

Answers

1. Sankt Hans Aften fejres hvert år den 23. juni i Danmark.
2. På Sankt Hans Aften tænder man bål, synger sange og spiser pølser og snobrød.
3. Bålene symboliserer, at man vil drive de onde ånder væk og fejre sommerens begyndelse.
4. Man spiser typisk pølser og snobrød på Sankt Hans Aften.

Text Seventeen

Read the following Danish comprehension text carefully.

Then answer the questions using the information provided in the text.

Try to answer in full sentences and pay attention to your spelling and grammar.

Once you have answered all the questions, check your answers with the suggested answers.

<u>Lagkage - En lækker dansk kage</u>

Lagkage er en populær dansk kage, der består af flere lag af bløde kagebunde fyldt med flødeskum og syltetøj eller friske bær. Kagen er traditionelt pyntet med glasur og forskellige slags pynt som chokolade eller frugt. Lagkage kan spises til forskellige anledninger, såsom fødselsdage, bryllupper eller andre festlige begivenheder.

Questions

1. Hvad er en lagkage?
2. Hvad er lagkage fyldt med?
3. Hvordan er lagkage traditionelt pyntet?
4. Hvornår kan man spise lagkage?

Answers

1. Lagkage er en dansk kage, der består af flere lag af bløde kagebunde.
2. Lagkage er fyldt med flødeskum og syltetøj eller friske bær.
3. Lagkage er traditionelt pyntet med glasur og forskellige slags pynt som chokolade eller frugt.
4. Man kan spise lagkage til forskellige anledninger, såsom fødselsdage, bryllupper eller andre festlige begivenheder.

Text Eighteen

Read the following Danish comprehension text carefully.

Then answer the questions using the information provided in the text.

Try to answer in full sentences and pay attention to your spelling and grammar.

Once you have answered all the questions, check your answers with the suggested answers.

<u>Den Lille Havfrue: En Ikonsik Statue i København</u>

Den Lille Havfrue er en berømt statue i København, som tiltrækker turister fra hele verden. Statuen er lavet af bronze og er en af de mest kendte turistattraktioner i byen. Den blev skabt af billedhuggeren Edvard Eriksen og står på en stor sten nær Langelinie havn. Statuen blev afsløret i 1913 og er inspireret af H.C. Andersens berømte eventyr om en havfrue, der ofrer alt for at blive forenet med sin prins.

Questions

1. Hvad er Den Lille Havfrue?
2. Hvor er statuen placeret i København?
3. Hvem skabte statuen?
4. Hvornår blev statuen afsløret?

Answers

1. Den Lille Havfrue er en berømt statue i København.
2. Statuen står på en stor sten nær Langelinie havn i København.
3. Statuen blev skabt af billedhuggeren Edvard Eriksen.
4. Statuen blev afsløret i 1913.

Text Nineteen

Read the following Danish comprehension text carefully.

Then answer the questions using the information provided in the text.

Try to answer in full sentences and pay attention to your spelling and grammar.

Once you have answered all the questions, check your answers with the suggested answers.

<u>Faroeøerne: En Skønhed Fra Naturen</u>

Faroeøerne, beliggende mellem Norge og Island, er en skjult perle, der er kendt for sin rå natur og fantastiske udsigt. Øerne er hjemsted for nogle af de mest dramatiske og smukke landskaber i verden. De fleste af øerne er dækket af grønne bjerge, der daler ned i havet, og der er et utal af vandrestier, som fører besøgende til nogle af de mest spektakulære udsigter.

Derudover er Faroeøerne kendt for deres kultur og mad. Øernes kultur er en blanding af norsk og dansk indflydelse, og der er mange traditionelle festivaler og begivenheder, der fejres året rundt. Nogle af de lokale specialiteter omfatter tørret fisk og lam, og der er et stort udvalg af restauranter, der serverer autentisk færøsk mad.

Questions

1. Hvor ligger Faroeøerne?
2. Hvad er Faroeøerne kendt for?
3. Hvad er nogle af de lokale specialiteter på øerne?

Answers

1. Faroeøerne ligger mellem Norge og Island.
2. Faroeøerne er kendt for deres rå natur og fantastiske udsigter samt deres kultur og mad.
3. Nogle af de lokale specialiteter på øerne omfatter tørret fisk og lam.

Text Twenty

Read the following Danish comprehension text carefully.

Then answer the questions using the information provided in the text.

Try to answer in full sentences and pay attention to your spelling and grammar.

Once you have answered all the questions, check your answers with the suggested answers.

<u>Grønland</u>

Grønland er en stor ø, der ligger i det nordlige Atlanterhav. Det er en del af Kongeriget Danmark, men har en vis grad af selvstyre. Grønland er kendt for sin smukke natur og sine mange isbjerge. Det har også en unik kultur og historie, der går tilbage til de oprindelige folk, der har boet der i årtusinder.

Questions

1. Hvor ligger Grønland?
2. Hvem har kontrol over Grønland?
3. Hvad er Grønlands natur kendt for?

Answers

1. Grønland ligger i det nordlige Atlanterhav.
2. Grønland er en del af Kongeriget Danmark, men har en vis grad af selvstyre.
3. Grønland er kendt for sin smukke natur og sine mange isbjerge.

Text Twenty One

Read the following Danish comprehension text carefully.

Then answer the questions using the information provided in the text.

Try to answer in full sentences and pay attention to your spelling and grammar.

Once you have answered all the questions, check your answers with the suggested answers.

<u>Efterår i Danmark</u>

Efteråret i Danmark er en smuk tid på året, hvor træerne skifter farve fra grønt til orange, gul og rød. Det kan også være temmelig blæsende og regnfuldt, men det betyder ikke, at folk holder sig inde. Faktisk kan efteråret være en travl tid med mange festivaler og arrangementer rundt omkring i landet.

En populær aktivitet om efteråret er at samle kastanjer, bær og svampe i skoven. Derudover er der mange lækre efterårsretter at smage på, såsom græskarsuppe, æbletærte og stegt and.

Questions

1. Hvad sker der med træerne om efteråret?
2. Hvordan kan vejret være om efteråret?
3. Hvad kan man lave i skoven om efteråret?
4. Nævn nogle lækre efterårsretter.

Answers

1. Træerne skifter farve fra grønt til orange, gul og rød.
2. Det kan være blæsende og regnfuldt.
3. Man kan samle kastanjer, bær og svampe.
4. Græskarsuppe, æbletærte og stegt and er nogle lækre efterårsretter.

Text Twenty Two

Read the following Danish comprehension text carefully.

Then answer the questions using the information provided in the text.

Try to answer in full sentences and pay attention to your spelling and grammar.

Once you have answered all the questions, check your answers with the suggested answers.

<u>Forår i Danmark</u>

Forår er en af de mest smukke og livlige årstider i Danmark. Efter en lang og kold vinter begynder temperaturen at stige, og solen begynder at skinne mere og mere. Træerne og blomsterne blomstrer, og Danmark bliver fyldt med farverige blomstermarker og grønne skove.

Foråret er også en tid, hvor mange danskere tager på udflugter til de smukke kystområder og søer i landet. De fleste parker og offentlige steder er fyldt med mennesker, der nyder solen og det gode vejr.

Foråret i Danmark betyder også en ændring i kosten. Danskere spiser traditionelt set mange fiske- og skaldyrsretter i foråret, da det er sæson for mange af disse delikatesser.

Questions

1. Hvad sker der med temperaturen i foråret i Danmark?
2. Hvad blomstrer i foråret i Danmark?
3. Hvad gør mange danskere i foråret?
4. Hvad spiser danskere traditionelt set i foråret?

Answers

1. Temperaturen stiger i foråret i Danmark.
2. Træerne og blomsterne blomstrer i foråret i Danmark.
3. Mange danskere tager på udflugter til kystområder og søer i foråret i Danmark.
4. Danskere spiser traditionelt set mange fiske- og skaldyrsretter i foråret i Danmark.

Text Twenty Three

Read the following Danish comprehension text carefully.

Then answer the questions using the information provided in the text.

Try to answer in full sentences and pay attention to your spelling and grammar.

Once you have answered all the questions, check your answers with the suggested answers.

<u>Ole Kirk Kristiansen</u>

Ole Kirk Kristiansen var en dansk forretningsmand og iværksætter, der grundlagde LEGO Group i 1932. LEGO Group er nu en af verdens største legetøjsproducenter og kendt for deres farverige plastikbyggesten.

Kristiansen blev født i 1891 i Billund, Danmark og startede som tømrer, men begyndte senere at producere trælegetøj. Efter at have oplevet succes med sit trælegetøj, begyndte han at eksperimentere med plastik og skabte de berømte LEGO klodser, som vi kender i dag.

Kristiansen var kendt for sit innovative sind og hans tro på, at børn skulle have mulighed for at udvikle deres kreativitet gennem leg. Han opfandt også LEGO DUPLO, som er større byggeklodser til mindre børn.

I dag er LEGO stadig en af de mest populære legetøjsmærker i verden, og Kristiansen's arv lever videre gennem virksomheden.

Questions

1. Hvornår grundlagde Kristiansen LEGO Group?
2. Hvad eksperimenterede Kristiansen med for at skabe LEGO klodserne?
3. Hvad er LEGO DUPLO?

Answers

1. Kristiansen grundlagde LEGO Group i 1932.
2. Kristiansen eksperimenterede med plastik for at skabe LEGO klodserne.
3. LEGO DUPLO er større byggeklodser til mindre børn.

Text Twenty Four

Read the following Danish comprehension text carefully.

Then answer the questions using the information provided in the text.

Try to answer in full sentences and pay attention to your spelling and grammar.

Once you have answered all the questions, check your answers with the suggested answers.

<u>Danske sommerhuse</u>

Sommerhuse er en stor del af danskernes livsstil, især om sommeren, når vejret er godt. Sommerhuse findes i forskellige størrelser og stilarter, fra små hytter til store villaer. Mange sommerhuse ligger tæt på havet eller i skoven, og det er almindeligt at tilbringe tid udendørs med aktiviteter som badning, fiskeri, cykling og vandreture.

Sommerhuse kan lejes eller købes, og nogle familier har haft deres egen sommerhus i generationer. Om sommeren tager mange danskere på ferie i deres sommerhus, og det er en tradition at tilbringe tid sammen med venner og familie.

Questions

1. Hvor ligger mange sommerhuse?
2. Hvilke aktiviteter kan man lave i sommerhuset?
3. Kan man leje eller købe et sommerhus?

Answers

1. Mange sommerhuse ligger tæt på havet eller i skoven.
2. Man kan lave aktiviteter som badning, fiskeri, cykling og vandreture.
3. Ja, man kan leje eller købe et sommerhus.

Text Twenty Five

Read the following Danish comprehension text carefully.

Then answer the questions using the information provided in the text.

Try to answer in full sentences and pay attention to your spelling and grammar.

Once you have answered all the questions, check your answers with the suggested answers.

<u>Mit yndlingsfødevarer</u>

Jeg elsker at spise mad! Mit yndlingsfødevarer er pizza og pasta. Jeg kan spise pizza hver dag. Jeg kan godt lide at tilføje forskellige toppings til min pizza. Min yndlings er pizza med pepperoni og svampe.

Jeg kan også lide at spise pasta. Min favorit er spaghetti med kødsovs. Jeg kan godt lide at tilføje parmesanost til min pasta. Det smager så godt!

Nogle gange spiser jeg også sushi. Jeg kan lide risrullerne med laks eller tun. Sushi er sundt og lækkert!

Jeg drikker altid vand til min mad. Det er vigtigt at drikke vand for at holde sig hydreret.

Questions

1. Hvad er forfatterens yndlingsfødevarer?
2. Hvad er forfatterens yndlings-pizza?
3. Hvad er forfatterens yndlings-pasta?
4. Hvad tilføjer forfatteren til sin pasta?
5. Hvilken slags sushi kan forfatteren lide?
6. Hvorfor drikker forfatteren altid vand til sin mad?

Answers

1. Forfatterens yndlingsfødevarer er pizza og pasta.
2. Forfatterens yndlings-pizza er med pepperoni og svampe.
3. Forfatterens yndlings-pasta er spaghetti med kødsovs.
4. Forfatteren tilføjer parmesanost til sin pasta.
5. Forfatteren kan lide risrullerne med laks eller tun.
6. Forfatteren drikker altid vand til sin mad for at holde sig hydreret.

Text Twenty Six

Read the following Danish comprehension text carefully.

Then answer the questions using the information provided in the text.

Try to answer in full sentences and pay attention to your spelling and grammar.

Once you have answered all the questions, check your answers with the suggested answers.

<u>Nyhavn - En populær turistattraktion i København</u>

Nyhavn er en populær turistattraktion i København. Det er en kanal med farverige huse, restauranter, barer og cafeer langs begge sider. Nyhavn blev bygget i det 17. århundrede og var oprindeligt en travl havn, hvor skibe fra hele verden læssede og losse varer.

I dag er Nyhavn en populær destination for turister og københavnere. Man kan gå en tur langs kanalen, nyde udsigten og de farverige huse, og sætte sig ned på en af de mange restauranter og cafeer for at nyde en drink eller et måltid.

Questions

1. Hvad er Nyhavn?
2. Hvornår blev Nyhavn bygget?
3. Hvad var Nyhavn oprindeligt?
4. Hvem besøger Nyhavn i dag?

Answers

1. Nyhavn er en kanal i København med farverige huse, restauranter, barer og cafeer langs begge sider.
2. Nyhavn blev bygget i det 17. århundrede.
3. Nyhavn var oprindeligt en travl havn, hvor skibe fra hele verden læssede og losse varer.
4. Turister og københavnere besøger Nyhavn i dag.

Text Twenty Seven

Read the following Danish comprehension text carefully.

Then answer the questions using the information provided in the text.

Try to answer in full sentences and pay attention to your spelling and grammar.

Once you have answered all the questions, check your answers with the suggested answers.

<u>Danske Wienerbrød - Lækre og populære danske kager</u>

Danske wienerbrød er kendt i hele verden for deres sprøde, skrøbelige konsistens og lækre smag. De er en populær del af den danske kagekultur og kan findes i bagerier og caféer over hele landet.

Typisk er danske wienerbrød fyldt med en sød remonce og drysset med flormelis eller glasur på toppen. Der findes dog også mange forskellige variationer, som f.eks. kan indeholde chokolade, marmelade eller frugt.

En populær variant er kanelstangen, som også er kendt uden for Danmark. Den består af et stykke dej rullet med kanelfyld og sukker, og den er perfekt til en kop kaffe eller te.

Questions

1. Hvad er danske wienerbrød kendt for?
2. Hvilken slags fyld er typisk i danske wienerbrød?
3. Hvad er en populær variant af danske wienerbrød?

Answers

1. Danske wienerbrød er kendt for deres sprøde, skrøbelige konsistens og lækre smag.
2. Typisk er danske wienerbrød fyldt med en sød remonce og drysset med flormelis eller glasur på toppen.
3. En populær variant af danske wienerbrød er kanelstangen, som består af et stykke dej rullet med kanelfyld og sukker.

Text Twenty Eight

Read the following Danish comprehension text carefully.

Then answer the questions using the information provided in the text.

Try to answer in full sentences and pay attention to your spelling and grammar.

Once you have answered all the questions, check your answers with the suggested answers.

<u>Kaffebord</u>

I Danmark er "kaffebord" en tradition, der typisk finder sted om eftermiddagen. Kaffebordet består af kaffe og forskellige kager og andre søde sager. Det er en god lejlighed til at samles med familie og venner og nyde en hyggelig stund sammen. Der er ingen faste regler for, hvad der skal serveres, men typiske kager inkluderer lagkager, småkager og kanelsnegle.

Questions

1. Hvad er et kaffebord?
2. Hvad kan man finde på et kaffebord?
3. Hvad er formålet med et kaffebord?

Answers

1. Et kaffebord er en tradition i Danmark, hvor man serverer kaffe og forskellige kager og søde sager.
2. Typiske kager, der serveres på et kaffebord, inkluderer lagkager, småkager og kanelsnegle.
3. Formålet med et kaffebord er at samles med familie og venner og nyde en hyggelig stund sammen.

Text Twenty Nine

Read the following Danish comprehension text carefully.

Then answer the questions using the information provided in the text.

Try to answer in full sentences and pay attention to your spelling and grammar.

Once you have answered all the questions, check your answers with the suggested answers.

<u>Karen Blixen - En dansk forfatterinde</u>

Karen Blixen var en dansk forfatterinde, der levede fra 1885 til 1962. Hun er bedst kendt for sine fortællinger om Afrika, hvor hun boede i mange år. Hendes mest berømte bog er "Den afrikanske farm", som beskriver hendes liv på en kaffefarm i Kenya.

Karen Blixen var en af de mest respekterede forfattere i Danmark i det 20. århundrede. Hendes skrivestil var meget beskrivende og poetisk, og hendes historier havde ofte et dybere budskab.

Questions

1. Hvem var Karen Blixen?
2. Hvad er Karen Blixen mest kendt for?
3. Hvordan var Karen Blixens skrivestil?

Answers

1. Karen Blixen var en dansk forfatterinde.
2. Karen Blixen er mest kendt for sin bog "Den afrikanske farm".
3. Karen Blixens skrivestil var meget beskrivende og poetisk.

Text Thirty

Read the following Danish comprehension text carefully.

Then answer the questions using the information provided in the text.

Try to answer in full sentences and pay attention to your spelling and grammar.

Once you have answered all the questions, check your answers with the suggested answers.

<u>Frikadeller i Danmark</u>

Frikadeller er en populær dansk ret, der typisk serveres til frokost eller aftensmad. De er lavet af hakket svinekød og krydderier og er formet som små kugler, der steges i panden. Frikadeller serveres traditionelt med kartofler, brun sovs og rødkål.

Frikadeller har været en del af den danske madkultur i flere hundrede år og er blevet en af de mest populære retter i Danmark. De er også kendt for at være en billig og nem ret at lave derhjemme.

Mange familier har deres egen opskrift på frikadeller og foretrækker at tilføje deres egne krydderier og ingredienser. Nogle variationer af frikadeller inkluderer fisk, kylling eller vegetariske alternativer.

Questions

1. Hvad er frikadeller?
2. Hvad serveres traditionelt med frikadeller?
3. Hvor lang tid har frikadeller været en del af den danske madkultur?
4. Hvad er nogle variationer af frikadeller?

Answers

1. Frikadeller er små kugler lavet af hakket svinekød og krydderier.
2. Frikadeller serveres traditionelt med kartofler, brun sovs og rødkål.
3. Frikadeller har været en del af den danske madkultur i flere hundrede år.
4. Nogle variationer af frikadeller inkluderer fisk, kylling eller vegetariske alternativer.

* 9 7 9 8 2 2 3 5 5 4 5 9 2 *